Mi amigo es autista

APULEYO EDICIONES · FOMENTO DE VALORES · CUENTOS ILUSTRADOS

EL AUTISMO TIENE VOZ

No estoy roto, soy hermoso.

Pienso en imágenes, y eso me hace diferente, pero no inferior.

A veces reacciono de una manera algo desproporcionada a lo habitual, pero no soy difícil de tratar. Tengo dificultades para entender las claves sociales.

No soy un malcriado ni un maleducado, algunas situaciones me desbordan porque tengo sensibilidad sensorial.

El autismo no es una elección. Yo no he elegido ser autista ni lo puedo cambiar. La aceptación sí lo es.
Tú sí puedes elegir aceptarme. ¿Qué vas a hacer?

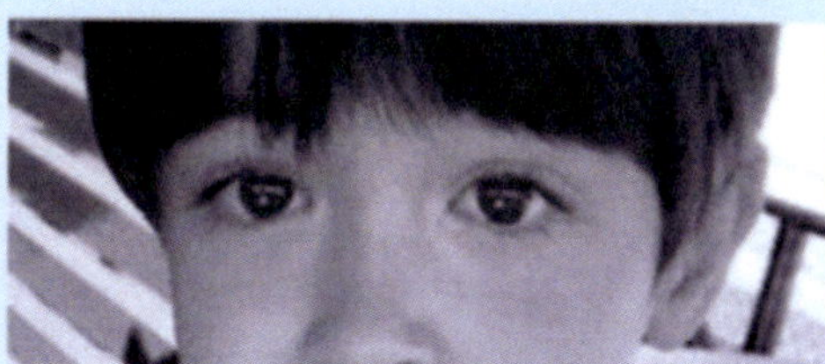

Una creación original de E. Jiménez y M.J. Cáceres

A mi amigo le encanta ir a la playa. No le gusta mucho la arena, pero a mí tampoco, porque es pegajosa.

Le gustan los espaguetis sin tomate y sin queso. ¿Te lo puedes creer?

Cuando jugamos con los coches, los pone en fila,
muy bien ordenados.

—Pues a mí me parece un poco raro.

—¿Te parece raro? ¿Por qué?

—En el médico se tira al suelo, patalea y grita. Mi papá dice
que es un maleducado.

¿A ti no te da miedo que te pongan una inyección?
Él no puede decir de otra manera que tiene miedo
o que está cansado de esperar.

-Cuando hablamos todos a la vez, se tapa los oídos.
¡Y no estamos gritando!

-Hay sonidos que no soporta porque tiene un súper oído.

–En clase no quiere pintar con el grupo.

–Porque es un artista solitario.
¿Le has preguntado si quiere pintar contigo?

—En el patio se pone a dar vueltas y a mover mucho las manos.

—En el patio hay mucho jaleo y puede estar agobiado. Esa es su forma de relajarse. ¿Tú qué haces cuando no estás a gusto?

No se puede decir que ningún niño es raro.
Todos somos diferentes, pero seguro que hay cosas
que podemos compartir.

A mi amigo le gusta subir muy alto en el columpio.
¿Y a ti?

Le gusta jugar con su papá.

Siempre me busca para que estemos juntos
en la fila del cole.

Hacemos los deberes juntos y lo ayudo cuando lo necesita.
¿Te ayudan a ti con los deberes?

Nos gusta saltar juntos en el sofá.

Y otras veces nos relajamos...

¡Y le encanta la música!

¿Sigues pensando que es tan diferente?

El autismo no es una enfermedad ni un trastorno. Es un funcionamiento diferente del cerebro que deriva en que las personas que lo presentan tengan dificultades en la comunicación social y el funcionamiento conductual.

Las personas autistas tienen dificultades significativas para comprender el mundo que les rodea, lo que se puede traducir en conductas inusuales en situaciones que no comprenden, cambios en las rutinas, sensibilidad a sonidos, imágenes y texturas; así como comportamientos compulsivos y conductas motoras repetitivas.

Sin embargo, se trata de una discapacidad invisible, dado que no muestran rasgos específicos como otras discapacidades. Por eso es importante preguntar antes de juzgar. Explica a tus hijos que la diversidad es enriquecedora.

Si enseñamos a los niños a aceptar la diversidad como algo normal, no será necesario hablar de inclusión, sino de convivencia.

Elena Jiménez Garrido y
María José Cáceres Díaz

APULEYO EDICIONES   FOMENTO DE VALORES   CUENTOS ILUSTRADOS